LE DÉVOUEMENT

DU CHIRURGIEN

NICOLAS COLIN

ET DE

SIMONNE COLIN

SA FILLE

Pendant la peste de Reims, en 1668

DOCUMENTS INÉDITS

Extraits des Conclusions du Conseil de Ville
et du Bureau de l'Hôtel-Dieu de Reims

REIMS

IMPRIMERIE ET LITHOGRAPHIE MATOT-BRAINE

6, Rue du Cadran-Saint-Pierre, 6

MDCCCLXXXV

LE DÉVOUEMENT

DU CHIRURGIEN

NICOLAS COLIN & DE SIMONNE COLIN

SA FILLE

Il a été tiré 100 exemplaires, dont 25 numérotés sur papier vergé.

LE DÉVOUEMENT

DU CHIRURGIEN

NICOLAS COLIN

ET DE

SIMONNE COLIN

SA FILLE

Pendant la peste de Reims, en 1668

DOCUMENTS INÉDITS

Extraits des Conclusions du Conseil de Ville
et du Bureau de l'Hôtel-Dieu de Reims

REIMS

IMPRIMERIE ET LITHOGRAPHIE MATOT-BRAINE

6, Rue du Cadran-Saint-Pierre, 6

—

MDCCCLXXXV

LE DÉVOUEMENT DU CHIRURGIEN

NICOLAS COLIN ET DE SIMONNE COLIN

SA FILLE

Pendant la Peste de Reims en 1668

Le récent exemple d'héroïsme donné par la caravane scientifique envoyée en Egypte pour y étudier le choléra sur l'impulsion de M. Pasteur, et surtout la mort au champ d'honneur de l'un de ces hommes intrépides (1), nous ont remis en mémoire un des faits les plus dignes de souvenir de notre histoire rémoise. Durant l'atroce peste de 1668, qui serait tout entière si dramatique à raconter en détail, le sacrifice de soi-même ne fut pas un fait isolé. Au milieu de la consternation générale, malgré la peur qui était alors le plus cruel des maux, les Capucins, les sœurs de l'Hôtel-Dieu, les chirurgiens, furent au nombre des plus exposés et des plus courageux (2). La mort de Nicolas Colin offre cependant un attrait particulier au moraliste et à l'historien : son sacrifice fut double en effet, car par une sorte d'entraînement

(1) Le docteur Louis Thuillier, mort en 1883, en Égypte, âgé de vingt-huit ans, victime de son zèle à se rendre compte de la maladie que redoutait l'Europe.

(2) Consulter sur tous ces faits dans la *Chronique de Champagne*, tome I, page 1, une substantielle étude de M. le docteur Maldan, *La Peste de 1668*. Le dévouement de Colin y est énoncé, mais il n'y est pas question de celui de sa fille, page 24.

qui rendait l'abnégation contagieuse comme la peste
elle-même, sa fille Simonne s'offrit en victime avec
son père.

Les circonstances de leur actif dévouement ont été
relatées dans les registres officiels de la ville et de
l'Hôtel-Dieu ; ce sont ces textes, déjà connus de ceux
qui étudient l'histoire aux sources, sinon encore
réunis dans leur ensemble, que nous avons recueillis
et qu'il convient de publier intégralement pour
l'honneur de la Biographie Rémoise (1). Leur style
est formaliste sans doute, mais il en ressort une
instructive leçon sur des événements dont l'intérêt
s'affirme par le soin que l'on prit à en perpétuer le
souvenir. Aussi nous espérons provoquer un jour la
publication d'une gravure du portrait de Colin, que
conserve le Musée de la ville (2). Nous donnons, en
attendant, l'exacte reproduction de sa naïve épitaphe,
trop souvent modernisée dans les récits de nos
annalistes. Ce cuivre glorieux, jadis incrusté sur le
socle de la Croix des Pestiférés, aurait sa place
naturelle dans le vestibule de la chapelle de l'Hôtel-
Dieu, au-dessous du marbre qui relate le nom des
victimes d'un dévouement contemporain, celui que
provoqua le terrible fléau du typhus en 1839 (3).
Ainsi les temps s'écoulent et les générations dispa-
raissent, ne laissant rien de meilleur ici-bas que

(1) *Fragments extraits de l'Histoire des Hospices et Hôpitaux de
Rheims*, par J.-L. Gonzalle, deux brochures in-12, Rheims (1869). L'un
de ces opuscules relate aux pages 18, 19 et 24, le dévouement de Colin
et celui de Simonne, mais il énonce les faits sans reproduire les précieux
textes originaux dont la lecture fera mieux comprendre encore la valeur
historique et morale.

(2) *Catalogue du Musée de Reims*, par Ch. Loriquet, 1881, page 111,
description et notice biographique.

(3) On trouve une lettre de M. de Saint-Marceaux, maire de Reims,
et un rapport de M. Gobet sur cette inscription commémorative. *Annales
de l'Académie de Reims*, tome II, page 315.

l'héritage de ces vertus morales qui se perpétuent pour l'honneur de l'humanité.

Reportons-nous par la pensée à cette triste date du mois de juillet 1668, alors que la Burie, dépendance de l'Hôtel-Dieu, voisine de la porte de Vesle, regorgeait de malheureux atteints de la peste (1). Quel tableau plus émouvant que celui de l'héroïsme de Simonne Colin, cette jeune postulante, comparaissant devant les graves administrateurs de l'Hôtel-Dieu, et sollicitant d'eux, comme une faveur, la permission de se consacrer pour toute sa vie aux malades, en inaugurant sa mission près des pestiférés ! A cette heure même, son père se dévouait dans ces loges infectées par le mal contagieux, et donnait à tant d'infortunées victimes le dernier jour de sa vie (2). Voilà l'une de ces scènes dignes de souvenir, que pourrait vulgariser l'imagerie populaire, l'un de ces actes charitables devant lequel tous les fronts s'inclineraient !

Nicolas Colin n'a pas survécu au fléau : âgé d'environ quarante-six ans, il est mort à la Burie et a été inhumé dans le cimetière voisin des Pestiférés (3). Mais sa fille a coulé de longs jours au sein de la

---

(1) La *Burie* était l'endroit où l'Hôtel-Dieu faisait ses lessives et avait ses jardins. En temps d'épidémie, on y séquestrait les malades dont on redoutait le contact. Vers 1778, on y établit l'hôpital Saint-Louis pour les cancéreux, qui y subsista jusqu'en 1841. *Fragments* de J.-L. Gonzalle, pages 10 à 16.

(2) Le portrait de N. Colin conservé au Musée de Reims, porte cette mention : *Colin, Mᵉ Chirugien (sic) a exposé sa vie au service des pestiféré, est décédé à la Bury, le 29 Juillet 1668.* Cette toile provient du legs de M. Saubinet. Elle porte la date de 1653, et fixe à vingt-neuf ans l'âge de N. Colin, ce qui place sa naissance en 1624. L'épitaphe fixe sa mort à l'âge de quarante-six ans, ce qui reporterait sa naissance en 1622.

(3) On ne connaît guère de la vie de Colin que l'acte généreux qui la termina. Cependant les *Conclusions du Conseil de Ville de Reims* font mention de lui en septembre 1650, dans un texte reproduit plus loin. Lire aussi son article dans le volume mss. de la *Biographie rémoise* par M. Lacatte-Joltrois, tome III, page 114, Bibl. de Reims.

maison où elle avait conquis si vaillamment droit de cité (1). Nous l'y retrouvons plus d'un demi-siècle après, en 1723, investie sur la fin de sa vie, de la charge de gardienne des autels et de *sous-mère* de la communauté. Elle léguait en mourant à ses filles l'exemple d'une persévérante fidélité à poursuivre le sacrifice qu'elle avait fait d'elle-même dans la fleur de sa jeunesse.

Le peuple aussi a besoin de ces exemples pour se relever dans les jours d'épreuves, et pour croire à tout moment à la sainteté du désintéressement, à la permanence d'un dévouement où brille la pure flamme de la charité. Tous les ans, le troisième dimanche après l'Épiphanie, la confrérie de Saint-Sébastien pieuse gardienne des traditions, organisait la *Procession des Pestiférés,* qui se rendait de l'église de la Madeleine au cimetière de la Burie. M. Ch. Givelet possède une curieuse peinture datée de 1724, offrant la marche du cortège, au milieu duquel se trouvaient en robe les professeurs et les docteurs de la Faculté de Médecine. Tout rappelait en cette cérémonie la mémoire des victimes obscures du fléau, non moins que le courage des nobles âmes qui les avaient assistées. La procession, fidèlement observée jusqu'en 1793, ne se fait plus aujourd'hui, mais une croix en souvenir des Pestiférés subsiste

---

(1) Elle était élue, le 21 juillet 1721, sacristine de Saint-Nicolas, et sous-mère de la communauté les 27 novembre 1722 et 17 juillet 1723. — Elle ne figurait plus aux élections de 1724, ce qui fixe sa mort de 1723 à 1724, à l'âge de soixante-seize ans, dont cinquante-six à l'Hôtel-Dieu. — Voici les charges et seize offices des religieuses dont l'élection avait lieu au mois de juillet de chaque année devant les administrateurs : mère supérieure, sous-mère, sacristine de Saint-Nicolas sacristine de Sainte-Catherine, pitancière, sous-pitancière, apoticaire, les deux grénetières, sœur pour la cave, la communauté, la cuisine, l'infirmerie, la gisantière, les passants, la conduite des novices.

(*Registre des Conclusions de l'Hôtel-Dieu,* 1724. E. 13.)

toujours auprès de la Burie, non loin de l'ancien cimetière où repose Nicolas Colin. Qu'il y repose en paix, et que ses compatriotes retiennent du moins, comme un titre d'honneur, son nom et celui de sa fille Simonne.

H. JADART.

Reims, le 25 février 1884.

I

EXTRAITS DES CONCLUSIONS DU CONSEIL DE VILLE
DE REIMS
RELATIFS A NICOLAS COLIN

Du Mercredy XIIIIe Septembre 1650, de relevé (1)

. . . .

Sur le rapport faict au conseil que Colin, m[re] chirurgien, estant allé ès bourgs de Porte Cère pour panser quelque malade, il a été arresté par ung officier des gens de guere qui sont esdits bourgs, au subject qu'il dit que son valet fut arresté prisonnier pour ce estre saïsy de raisins et ne le veult renvoyer qu'on ne luy rende sondict valet.

Conclud a esté que Mrs Coquebert capitaine et d'Adon se transporteront promptement devers M[r] l'Intendant pour luy en faire plainte et le supplier de faire renvoyer ledict Colin.

. . . .

(1) *Conclusions du Conseil de Ville,* 14 Septembre 1650, tome 43, f° 289.

Du Jeudi XIXe Juillet 1668 (1

Au conseil où présidoit Monsieur le lieutenant, où estoient Messieurs Lelarge, Doien et Séneschal, et de Maucroix, Séneschal, A. Coquebert, Thiery, J. Coquebert, Dallier, Callou, Viscot, Hachette, Roland, Bachelier, de la Salle, Rogier, Favart, Lefebvre, S. Coquebert, et de la Salle,

Le procureur scindicq présent,

Sur ce que Monsieur le lieutenant a représenté qu'il a eu advis qu'une feme des fauxbourgs, que l'on dit estre la soeure de la feme du nommé Olivier déceddé supçonné de la peste, est malade d'un mal au-dessoubs du sein, laquelle a esté veu par le sieur Colin, chirugien demeurant rue de Bourg Saint Denis, lequel s'est offert de bonne grace de servir la ville et le publique dans les occurances, au sujest de quoi ayant recogneu quelque marque de charbon, il s'est retiré à la Burie, pourquoy il convient déliberer sur le sujest, l'Affaire mise en délibération,

Conclud a esté que la feme sera transporté sur le soir dans la Burie avec ses enffans, et qu'il sera envoié promptement à la feme dudit sieur Colin trente pistolles pour aider à la subcistance de la famille dudit sieur Colin, lequel demeurera à la Burie pour y assister les malades, avec lequel sera fait composition raisonnable, attendu qu'il a agi en ce rencontre avec générosité.

. . . .

Du XXVe Juillet 1668

. . . .

Conclud a esté... que le s^r Marq, chirugien demeurant a Montmédi, sera mandé pour venir en cette ville pour

---

(1) *Conclusions du Conseil de Ville*, année 1668, f° 247 et suivants.

vacquer et assister les malades, attendu que l'on a advis
qu'il est personne fort expert, et ce conjointement avec
le sieur Colin, et à cette fin sera envoyé un homme
exprès.

. . . .

Du Lundi 30 *Juillet* 1668, *du matin*

. . . .

Sur ce que Monsieur le lieutenant a représenté que le
sieur Colin, chirugien qui estoit retiré dans la Burie pour
le soulagement des malades, est déceddé, en sorte qu'il
seroit à propos de pourveoir promptement à faire choix
d'un autre à cest effect, le nomé Oudinet qui a fait
apprentisage de chirugien et qui n'est pas maistre, se
présentant pour en faire l'exercice, a donné requeste pour
le sujet, l'affaire mise en délibération.

Conclud a esté qu'il est sursis à faire choix de la
personne dudit Oudinet jusqu'à demain, attendu que l'on
a envoyé à Montmédi pour en avoir un dont l'on doibt
avoir cejourdhuy réponce.

. . . .

Du Mardi dernier juillet 1668, *de rellevée*

. . . .

Sur ce qui a aussy esté représenté que le nomé Henri
Marque, chirugien de la garnison de Montmédi, natif de
Nancy, est disposé a servir la ville dans l'occurance du
temps de la maladie contagieuse, pourquoy ayant esté
conclud et arresté que l'on traitteroit avec luy sur sa
proposition, enffin que Messieurs qui en ont eu la direction
sont demeurés d'accord des termes dont il feront (rapport)
à la Compagnie, après quoy l'affaire mise en délibération,

Conclud a esté que ledit Henri Marque est admis et

receu pour servir en la Burie et partout où luy sera
ordonné au soulagement des malades, auquel sera fourni
cent livres par mois.

. . . .

(Archives Communales de Reims).

II

EXTRAIT DES CONCLUSIONS DE L'HÔTEL-DIEU DE REIMS RELATIF A SIMONNE COLIN

Du **28** *Juillet* 1668 (1)

. . . .

Sur ce qui nous auroit été représenté par Simonne
Colin, fille aagée de XX ans ou environ, que la mort
estant arrivée de quelques religieuses qui volontairement
et par un esprit de charité seroient exposés, et auroient
receu l'obedience du bureau et compagnie pour aller à la
Burie et y servir les malades de la maladie contagieuse,
elle auroit conduitte qu'elle est d'un mesme esprit que
celuy de son père, offre et présente son service à la
compagnie pour le soulagement et le secours des malades
dans la Burie et des pauvres malades dans l'Hotel-Dieu,
priant la compagnie de vouloir lui accorder la charité, la
recevoir religieuse hospitallière dans la maison, faire
reflexion sur le service prompt et volontaire que son père
rend au public à présent dans la Burie, et s'estant retirée
l'affaire mise en délibération,

Conclud a esté qu'en recongnoissance des services
que ledit s^r Colin rend au publiq dans la Burie, en la
personne des malades de la maladie contagieuse, et pour
recompenser ses soins en la fille et ceux que l'on doit
justement attendre de la continuation de son ministère,

(1) *Conclusions du Bureau de l'Hôtel-Dieu.* Registre E. 9.

nous avons ladite Simonne Colin receue et admise postulante en la maison de ceans pendant deux ans et en ladite qualité y servir les pauvres malades tant de jour que de nuict, y faire les mesmes fonctions que font les religieuses, et à la fin desdites deux années, et non auparavant, lui estre donné l'habit, et un an après estre receue à profession, en cas qu'elle se trouve capable, et ce en la façon et manière accoutumée.

Dudit jour (1)

. . . .

Attendu la nécessité que semble y avoir de substituer d'autres filles à celles qui sont mortes à la Burie de la maladie contagieuse, et de soulager les religieuses qui sont dans la maison, laquelle se trouve à present dégarnie de filles par le nombre de celles envoyées à la Burie au soulagement des malades qui sont renfermés . . . . . .

Conclud a esté que Nicolle de Blois sera admise avec Simonne Colin. . . . .

(Archives hospitalières de Reims).

III

Délibération du bureau de l'Hôtel-Dieu

pour remplacer les Sœurs mortes a la Burie

et admettre sœur Colin et sept autres religieuses

Du VIe octobre 1668

Sur ce qui a esté représenté par Mr de Vienne que le décès estant arrivé de sœur Benoiste Lebègue, de sœur

---

(1) Réception de Nicole de Blois, âgée de 22 ans.

Marguerite Croquet, de sœur Roze Philipotcau, de sœur Jeanne Pussot, de sœur Perette Quentin, et de sœur Alizon Rou, religieuses hospitalières de céans, mortes au service des malades en la Burie, la Compagnie pour remplir leur place auroit trouvé bon de remettre à aujourd'huy le choix quy vient à faire des filles qui se présentent pour servir les pauvres, que la nécessité d'en nommer et d'en substituer d'autres pour le soulagement des malades de l'hotel Dieu est asses congnu, principalement au temps que les malades augmentent, que la dissenterie qui les travaille à présent demande et crye une sollicitude particulière et des veilles assidues, et que dans le nombre des religieuses qui sont obligés de veillier, il y en a qui ne le peuvent faire sans une notable atteinte de leur santé, ce qui retourne ou aux antiennes dont l'aage les doit dispenser de ce travail ou aux autres qui pourroient succomber sous le faix des veilles, s'il n'y est pourveu ; que celles qui se sont offertes sont a la porte du bureau pour renouveller leurs services aux pauvres et à la Compagnie, et la prier de les voulloir entendre et recepvoir pour tenir la place des religieuses mortes, et après avoir esté touttes appelés et ouyes, suivant leur ordre et les temps qu'elles se sont présentés au bureau, après nous avoir informés de la mère et soubmère de la capacité, de la conduite et du zèle desdites filles envers les malades ;

Conclud a esté que sœure Nicolle Lobreau, sœure Nicolle Dellois, sœur Janne Billaudel, sœur Marie Dereau, sœur Jeanne Suisse, sœure Jeanne Bruiant et sœure Nicolle Ducaudal sont admises et receues en ladite maison pour y estre religieuses hospitalières, et en ladite qualité y servir les malades ainsy que font les autres religieuses, pour, en cas qu'elles demeurent dans les mesmes sentiments d'affection et qu'elles soient trouvés capables, leur estre baillé l'habit et faire vesture dans deux ans sans qu'elles puissent le prendre auparavant, et d'autant que ladite sœure Nicolle Lobreau est introduitte beaucoup auparavant que sœur Colin se soit presenté et qu'elle ayt esté receu,

Conclud a esté que ladite Lobreau précédera ladite sœur Colin, et que les autres sus nommés prendront leur rang suivant l'ordre qu'elles sont ci-dessus nommez.

(Registre des Conclusions de l'Hôtel-Dieu
de Reims, E. 9, pages 32 et 33).

IV

Nicolaus Colin, juratus anno 1661,

Primus merito laudandus occurit

Quod, humanitatis bono, ut victima se vovit

Cum Remos sœvo veneno cruciabat violenta pestis,

Rem propriam et familiam deserendo,

Saluti civium consuluit et pestiferos sublevando

Vitam impavide exsolvit.

In cœmeterio Pestiferorum dicto,

Horrendas corporis peste putridi exuvias jacere jussit,

Ut quos vivus œre, manu et ore adjuverat,

In umbra mortis adhuc concomitaretur.

MENTION PLACÉE SOUS LE PORTRAIT DE N. COLIN
A L'ÉCOLE DE MÉDECINE DE REIMS

V

Cy GIST HONNESTE HOMME NICOLAS COLIN
MESTRE CHERVGIEN A REIMS LE QVEL APRES
AVOIR SERVIE LE PVBLIQVES EN CETTE VILLE
ET DANS LES ARMÉES DV ROY EN QUALITE DE
CHIRVGIEN MAIOR ABANDONNAT GENEREVSSEMENT
SES INTERÉES PARTICVLIER ET SA FAMILLE POVR
DONNER LES SOIN ET SA VIE POVR LE SECOVRS
DE SA PATRIE TRAITANT LES PESTIFERÈ
PARMIS LESQVELLE IL DECEDAT LE 29 DE
IVILLET 1668 AGÈE DE 46 ANS PRIÉ DIEV POVR
LE REPOS DE SON AME

CY GIST SEPT RELIGIEVSE DE LHOTEL
DIEV DE REIMS DECEDÉ AV SERVICE DES
PAVVRES PESTIFERÈ LAN 1668 PRIE DIEV POVR
LE REPOS DE LEVRS AME
REQVIESCANT   IN PACE

FAC-SIMILE

DE

L'ÉPITAPHE DE NICOLAS COLIN

*Placée sur la Croix des Pestiférés avant la Révolution
et conservée aujourd'hui à l'Hôtel-Dieu de Reims*

PLAQUE EN CUIVRE JAUNE

(Hauteur : 45 cent. — Largeur : 39 cent.)

Reims. — Imprimerie Matot-Braine